škola - colegio	2
cesta - viaje	5
doprava - transporte	8
mesto - ciudad	10
terén - paisaje	14
reštaurácia - restaurante	17
supermarket - supermercado	20
nápoje - bebidas	22
jedlo - comida	23
farma - granja	27
dom - casa	31
obývačka - living	33
kuchyňa - cocina	35
kúpeľňa - baño	38
detská izba - cuarto de los chicos	42
šatstvo - ropa	44
kancelária - oficina	49
hospodárstvo - economía	51
povolania - ocupaciones	53
náradie - herramientas	56
hudobné nástroje - instrumentos musicales	57
ZOO - zoológico	59
šport - deportes	62
aktivity - actividades	63
rodina - familia	67
telo - cuerpo	68
nemocnica - hospital	72
urgentný prípad - emergencia	76
Zem - Tierra	77
hodiny - reloj	79
týždeň - semana	80
rok - año	81
tvary - formas	83
farby - colores	84
protiklady - opuestos	85
čísla - números	88
jazyky - idiomas	90
kto/čo/ako - quién / qué / cómo	91
kde - dónde	92

AF221708

Impressum
Verlag: BABADADA GmbH, Nedderfeld 112 , 22529 Hamburg
Geschäftsführer / Verlagsleitung: Harald Hof
Druck: Books on Demand GmbH, In de Tarpen 42, 22848 Norderstedt

Imprint
Publisher: BABADADA GmbH, Nedderfeld 112 , 22529 Hamburg, Germany
Managing Director / Publishing direction: Harald Hof
Print: Books on Demand GmbH, In de Tarpen 42, 22848 Norderstedt

škola

colegio

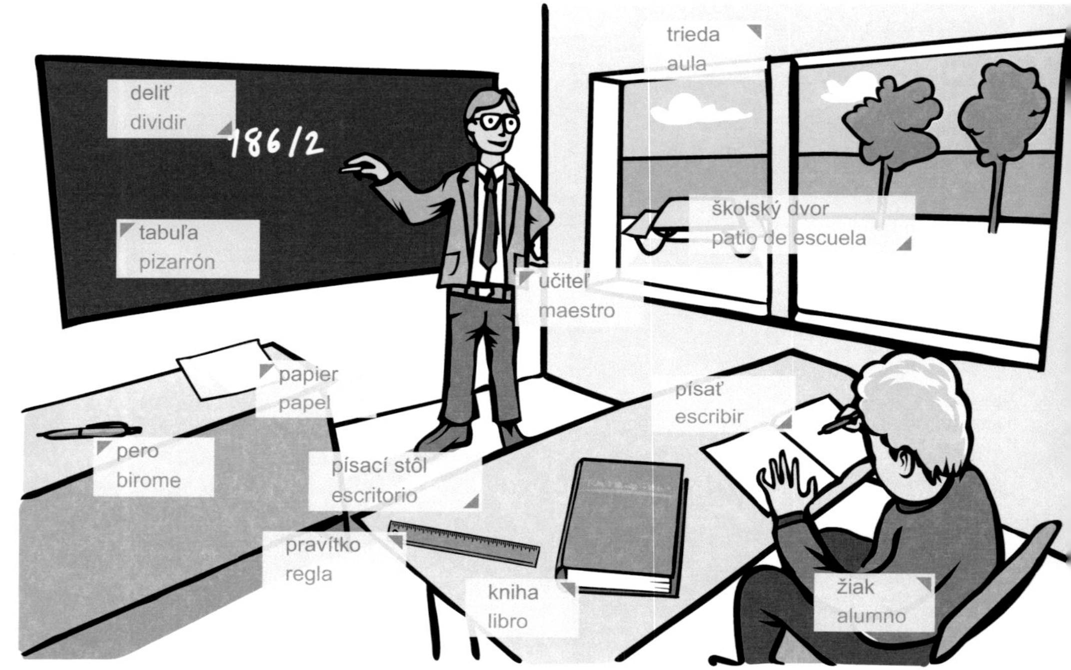
trieda
aula
deliť
dividir
186/2
tabuľa
pizarrón
školský dvor
patio de escuela
učiteľ
maestro
papier
papel
písať
escribir
pero
birome
písací stôl
escritorio
pravítko
regla
kniha
libro
žiak
alumno

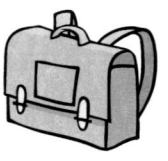

školská taška

mochila

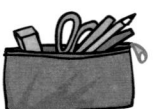

peračník

caja de lápices

ceruza

lápiz

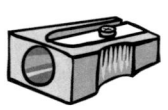

strúhadlo na ceruzky

sacapuntas

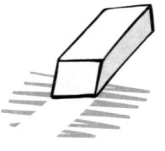

guma

goma (de borrar)

skicár

bloc de dibujo

kresba

dibujo

štetec

pincel

vodové farby

caja de pinturas

nožnice

tijera

lepidlo

pegamento

cvičný zošit

cuaderno de ejercicios

domáca úloha

tarea

číslo

número

sčítať

sumar

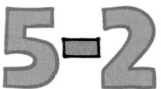

odčítať

restar

násobiť

multiplicar

počítať

calcular

písmeno

letra

abeceda

abecedario

slovo

palabra

text
texto

čítať
leer

krieda
tiza

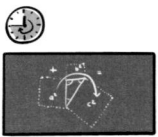

hodina
lección

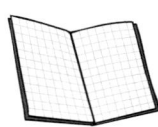

triedna kniha
cuaderno de clase

skúška
examen

certifikát
certificado

školská uniforma
uniforme escolar

vzdelanie
educación

encyklopédia
enciclopedia

univerzita
universidad

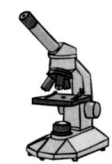

mikroskop
microscopio

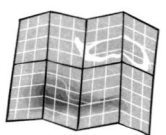

mapa
mapa

kôš na papier
tacho (de basura)

cesta
viaje

hotel
hotel
Grand
nocľaháreň
hostel
ROOMS
zmenáreň
casa de cambio
kufor
valija
auto
auto

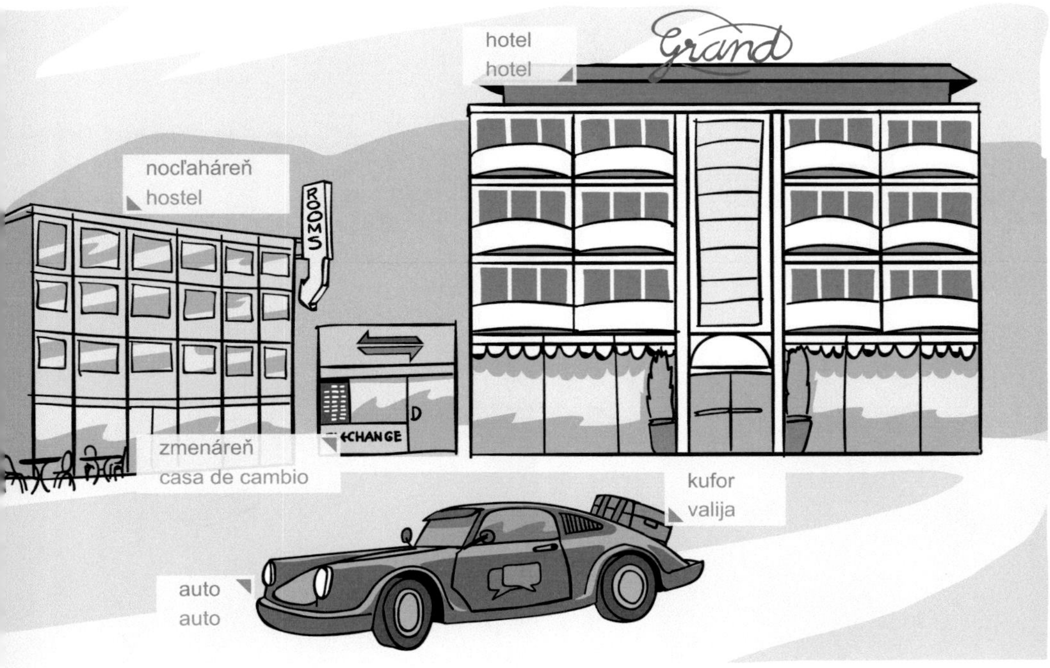

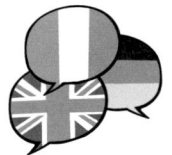

jazyk
idioma

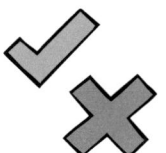

áno/nie
sí / no

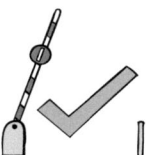

v poriadku
Está bien

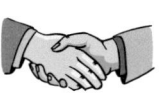

ahoj
hola

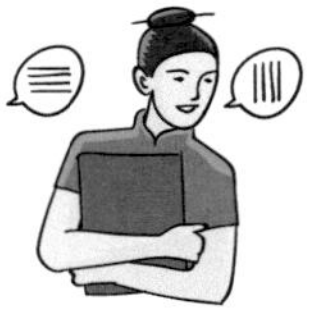

prekladateľ
traductor

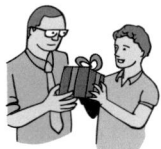

ďakujem
Gracias

Koľko stojí ... ?

¿cuánto cuesta…?

Nerozumiem

No entiendo

problém

problema

Dobrý večer!

¡Buenas tardes!

Dobré ráno!

¡Buenos días!

Dobrú noc!

¡Buenas noches!

Dovidenia

adiós

smer

dirección

batožina

equipaje

taška

bolso

batoh

mochila

hosť

invitado

izba

habitación

spacák

bolsa de dormir

stan

carpa

informácie pre turistov

información turística

pláž

playa

kreditná karta

tarjeta de crédito

raňajky

desayuno

obed

almuerzo

večera

cena

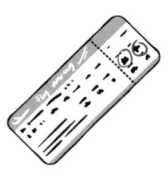

cestovný lístok

pasaje

výťah

ascensor

poštová známka

sello

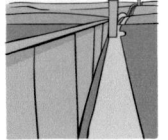

hranica

frontera

clo

aduana

veľvyslanectvo

embajada

vízum

visa

cestovný pas

pasaporte

doprava

transporte

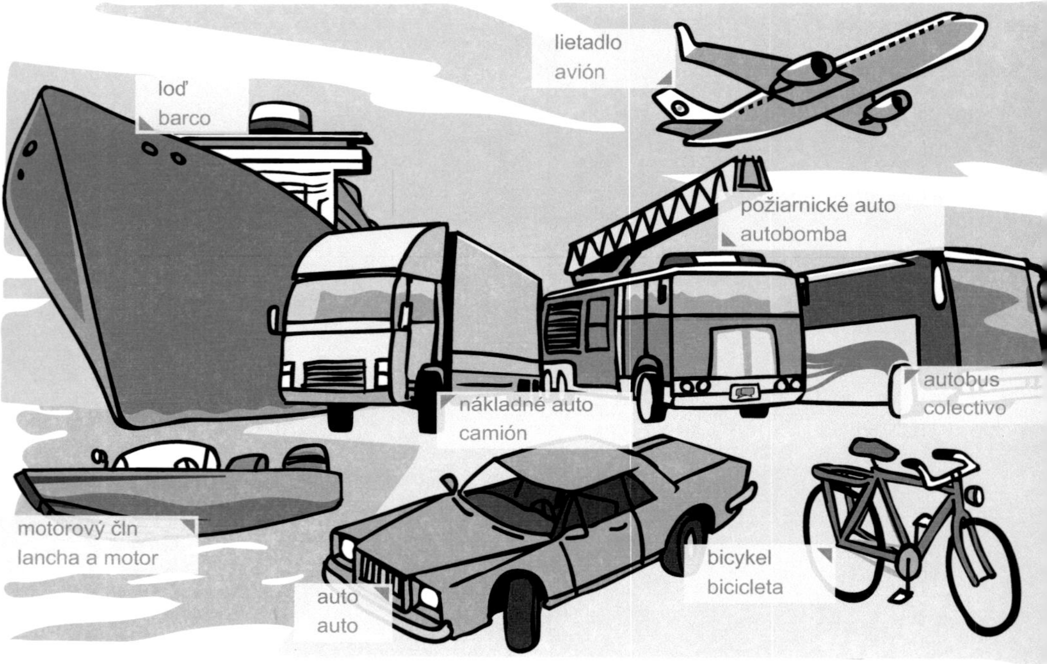

lietadlo
avión
loď
barco
požiarnické auto
autobomba
autobus
colectivo
nákladné auto
camión
motorový čln
lancha a motor
bicykel
bicicleta
auto
auto

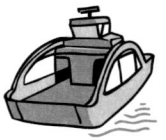

trajekt

ferry

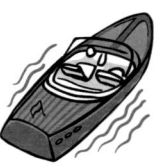

loď

bote

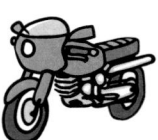

motorka

moto

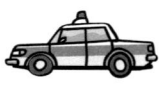

policajné auto

patrullero

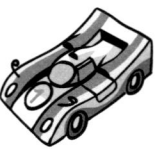

pretekárske auto

auto de carreras

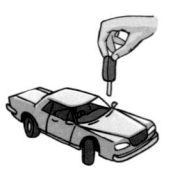

vozidlo z požičovne

auto de alquiler

carsharing

alquiler de autos

odťahové auto

grúa

smetiarske auto

camión de basura

motor

motor

benzín

nafta

čerpacia stanica

estación de servicio

dopravná značka

señal de tránsito

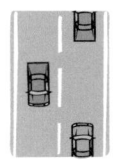

premávka

tránsito

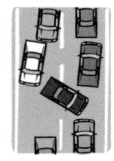

zápcha

embotellamiento

parkovisko

estacionamiento

vlaková stanica

estación de tren

trate

vías

vlak

tren

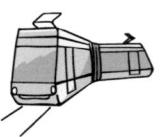

električka

tranvía

vagón

vagón

helikoptéra
helicóptero

letisko
aeropuerto

veža
torre

pasažier
pasajero

kontajner
contenedor

kartón
caja de cartón

vozík
carretilla

kôš
canasta

štartovať / pristáť
despegar / aterrizar

mesto
ciudad

dedina
pueblo

centrum mesta
centro de ciudad

dom
casa

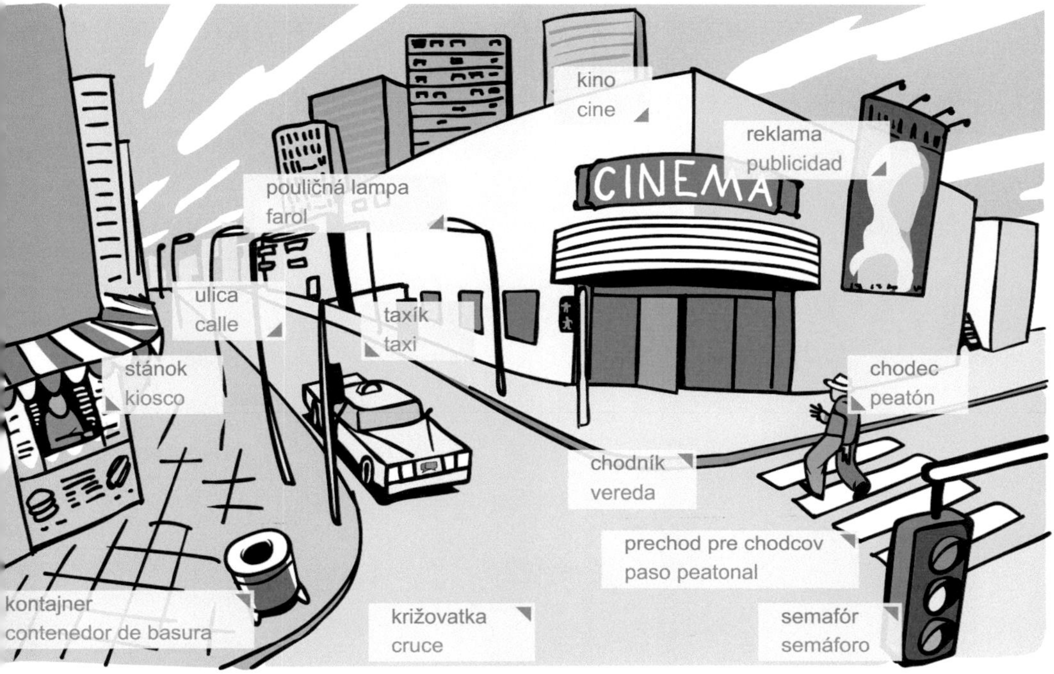

kino
cine

reklama
publicidad

pouličná lampa
farol

ulica
calle

taxík
taxi

stánok
kiosco

chodec
peatón

chodník
vereda

prechod pre chodcov
paso peatonal

kontajner
contenedor de basura

križovatka
cruce

semafór
semáforo

chata
cabaña

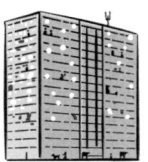

byt
departamento

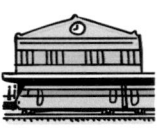

vlaková stanica
estación de tren

radnica
municipalidad

múzeum
museo

škola
colegio

univerzita

universidad

banka

banco

nemocnica

hospital

hotel

hotel

lekáreň

farmacia

kancelária

oficina

kníhkupectvo

librería

obchod

negocio

kvetinárstvo

florería

supermarket

supermercado

trh

mercado

obchodný dom

grandes tiendas

obchodník s rybami

pescadería

nákupné stredisko

centro comercial

prístav

puerto

mesto - ciudad

park
parque

lavička
banco

most
puente

schody
escaleras

metro
subte

tunel
túnel

autobusová zastávka
parada del colectivo

bar
bar

reštaurácia
restaurante

poštová schránka
buzón

tabuľa s názvom ulice
letrero

parkovacie hodiny
parquímetro

ZOO
zoológico

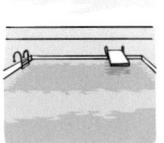

plaváreň
pileta

mešita
mezquita

farma
granja

znečisťovanie životného prostredia
contaminación

cintorín
cementerio

kostol
iglesia

ihrisko
juegos infantiles

chrám
templo

terén
paisaje

list
hoja

smerová tabuľa
poste indicador

cesta
camino

lúka
pradera

kameň
piedra

turista
excursionista

strom
árbol

rieka
río

tráva
hierba

kvet
flor

dolina

valle

kopec

montaña

jazero

lago

les

bosque

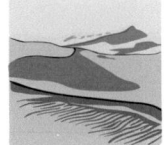

púšť

desierto

vulkán

volcán

zámok

castillo

dúha

arco iris

hríb

champiñón

palma

palmera

komár

mosquito

mucha

mosca

mravec

hormiga

včela

abeja

pavúk

araña

chrobák

escarabajo

žaba

rana

veverička

ardilla

jež

erizo

zajac

liebre

sova

lechuza

vták

pájaro

labuť

cisne

diviak

jabalí

jeleň

ciervo

los

alce

hrádza

presa

veterná turbína

aerogenerador

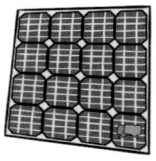

solárny panel

panel solar

podnebie

clima

reštaurácia
restaurante

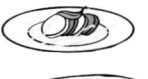

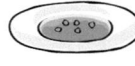

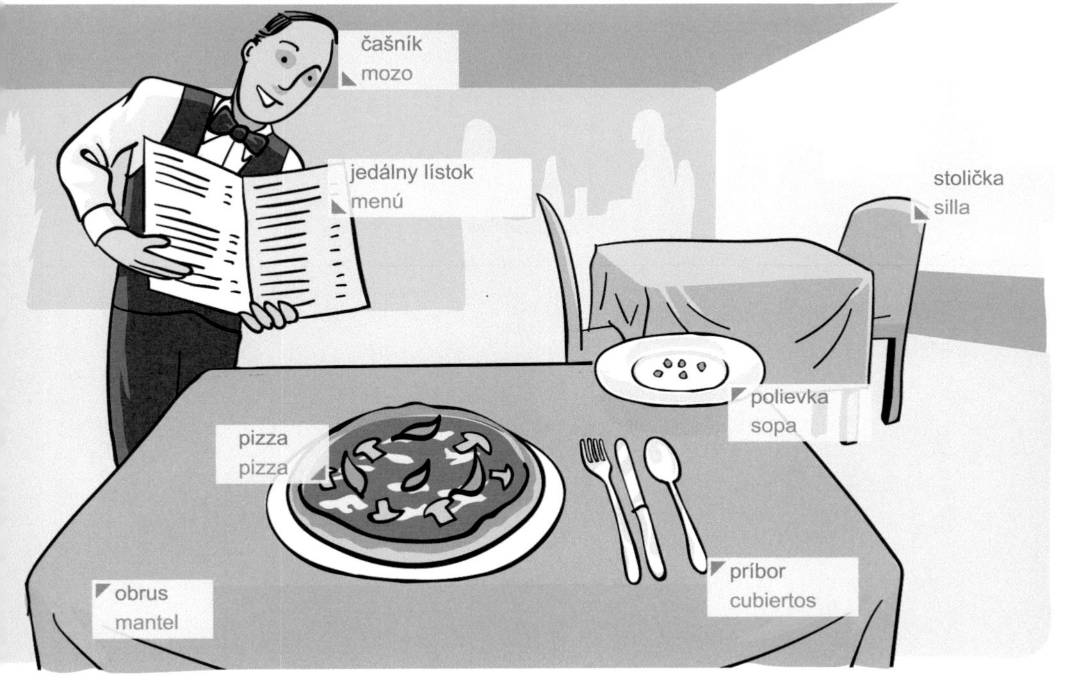
čašník
mozo
jedálny lístok
menú
stolička
silla
polievka
sopa
pizza
pizza
príbor
cubiertos
obrus
mantel

predjedlo

entrada

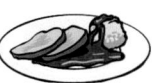

hlavné jedlo

plato principal

zákusok

postre

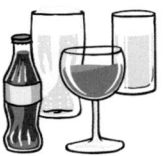

nápoje

bebidas

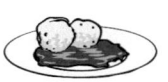

jedlo

comida

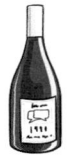

fľaša

botella

fast-food

comida rápida

street food

comida callejera

kanvica na čaj

tetera

cukornička

azucarera

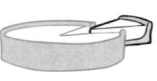

porcia

porción

stroj na espresso

cafetera expreso

detská stolička

sillita alta

účet

cuenta

podnos

bandeja

nôž

cuchillo

vidlička

tenedor

lyžica

cuchara

čajová lyžička

cucharita

obrúsok

servilleta

pohár

vaso

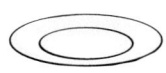

tanier

plato

hlboký tanier

plato hondo

podšálka

plato

omáčka

salsa

soľnička

salero

mlynček na korenie

molinillo de pimienta

ocot

vinagre

olej

aceite

korenie

especias

kečup

kétchup

horčica

mostaza

majonéza

mayonesa

supermarket
supermercado

špeciálna ponuka
oferta especial
FOR
klient
cliente
mliečne výrobky
lácteos
ovocie
fruta
nákupný vozík
changuito

BUTCHERS

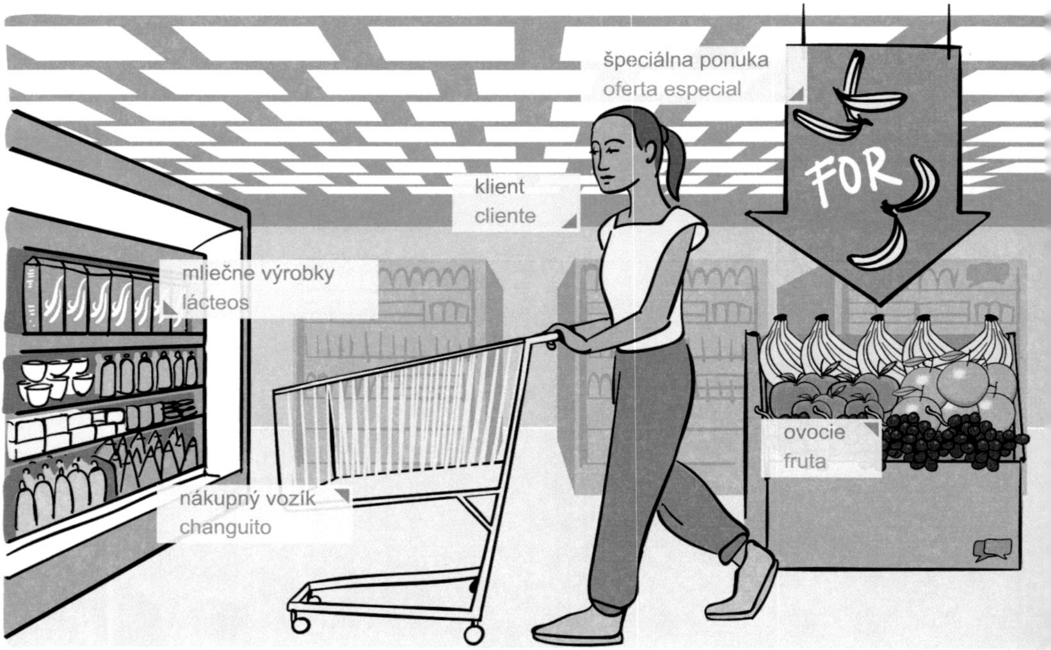

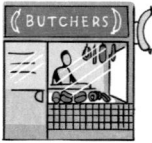

mäsiarstvo

carnicería

BAKERY

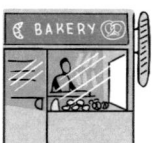

pekáreň

panadería

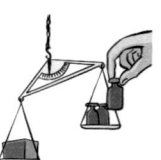

vážiť

pesar

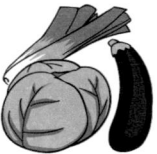

zelenina

verduras

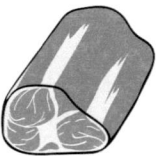

mäso

carne

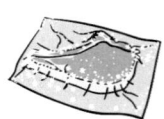

mrazené potraviny

alimentos congelados

nárez

fiambres

konzervy

alimentos enlatados

prací prostriedok

detergente en polvo

sladkosti

golosinas

domáce potreby

electrodomésticos

čistiace prostriedky

productos de limpieza

predavačka

vendedora

pokladňa

caja

pokladník

cajero

nákupný zoznam

lista de compras

otváracie hodiny

horario de atención

peňaženka

billetera

kreditná karta

tarjeta de crédito

taška

cartera

plastové vrecko

bolsa de plástico

voda

agua

džús

jugo

mlieko

leche

kola

bebida cola

víno

vino

pivo

cerveza

alkohol

alcohol

kakao

cacao

čaj

té

káva

café

espresso

café expreso

kapučíno

cappuccino

banán

banana

jablko

manzana

pomaranč

naranja

melón

melón

citrón

limón

mrkva

zanahoria

cesnak

ajo

bambus

bambú

cibuľa

cebolla

hríb

champiñón

orechy

nueces

rezance

fideos

špagety

tallarines

ryža

arroz

šalát

ensalada

hranolky

papas fritas

pečené zemiaky

papas fritas

pizza

pizza

hamburger

hamburguesa

obložený chlebík

sándwich

rezeň

churrasco

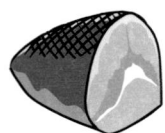

šunka

jamón

saláma

salame

klobása

salchicha

kurča

pollo

pečené mäso

asado

ryba

pescado

ovsené vločky

copos de avena

müsli

muesli

kukuričné lupienky

copos de maíz

múka

harina

croissant

medialuna

pečivo

pancito

chlieb

pan

hrianka

tostada

sušienky

galletitas

maslo

manteca

tvaroh

cuajada

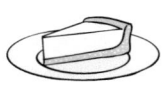

koláč

torta

vajce

huevo

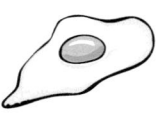

volské oko

huevo frito

syr

queso

zmrzlina

helado

cukor

azúcar

med

miel

lekvár

mermelada

nugátová nátierka

pasta de chocolate

karí korenie

curry

farma
granja

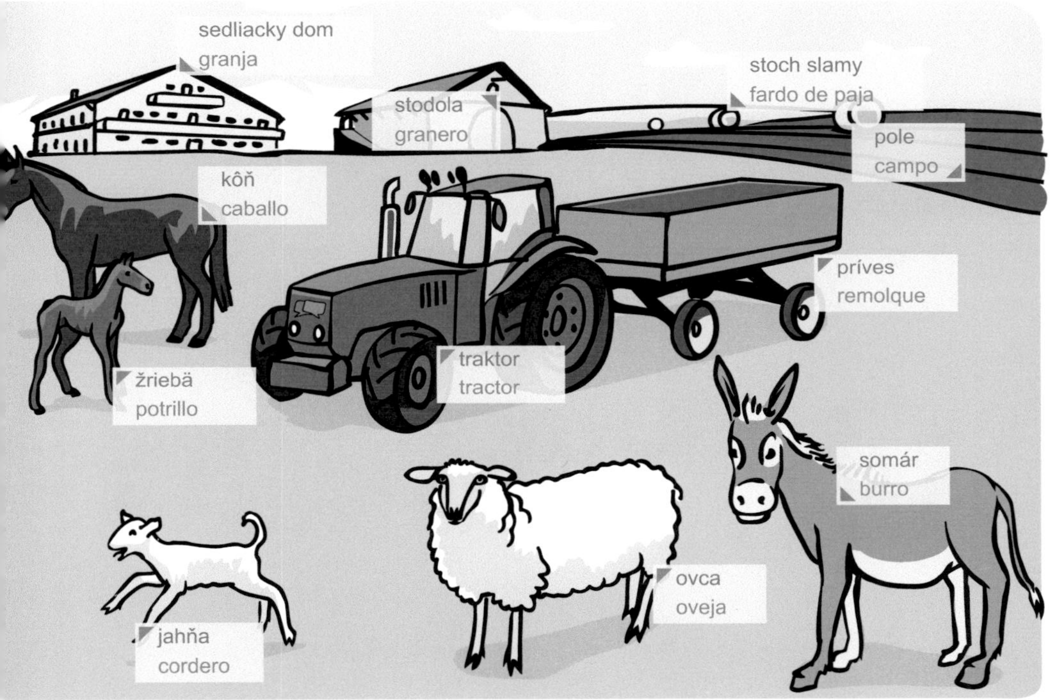
sedliacky dom
granja
stoch slamy
fardo de paja
stodola
granero
pole
campo
kôň
caballo
príves
remolque
traktor
tractor
žriebä
potrillo
somár
burro
ovca
oveja
jahňa
cordero

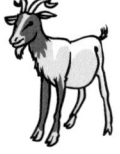

koza
cabra

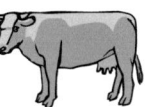

krava
vaca

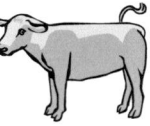

teľa
ternero

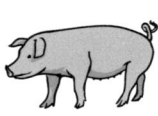

prasa
cerdo

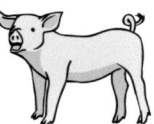

prasiatko
lechón

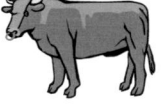

býk
toro

hus

ganso

kačica

pato

kuriatko

pollo

sliepka

gallina

kohút

gallo

potkan

rata

mačka

gato

myš

ratón

vôl

buey

pes

perro

psia búda

cucha

záhradná hadica

manguera

krhla

regadera

kosa

guadaňa

pluh

arado

kosák
....
hoz

motyka
....
azada

vidly na hnoj
....
horquilla

sekera
....
hacha

fúrik
....
carretilla

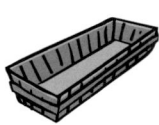

koryto
....
abrevadero

kanva na mlieko
....
lechera

vrece
....
bolsa

plot
....
reja

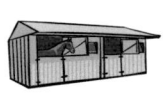

maštaľ
....
establo

skleník
....
invernadero

pôda
....
suelo

osivo
....
semilla

hnojivo
....
fertilizador

kombajn
....
cosechadora

žať
cosechar

žatva
cosecha

batát
batatas

pšenica
trigo

sója
soja

zemiak
papa

kukurica
maíz

repka
semilla de colza

ovocný strom
árbol frutal

maniok
mandioca

obilie
cereales

dom
casa

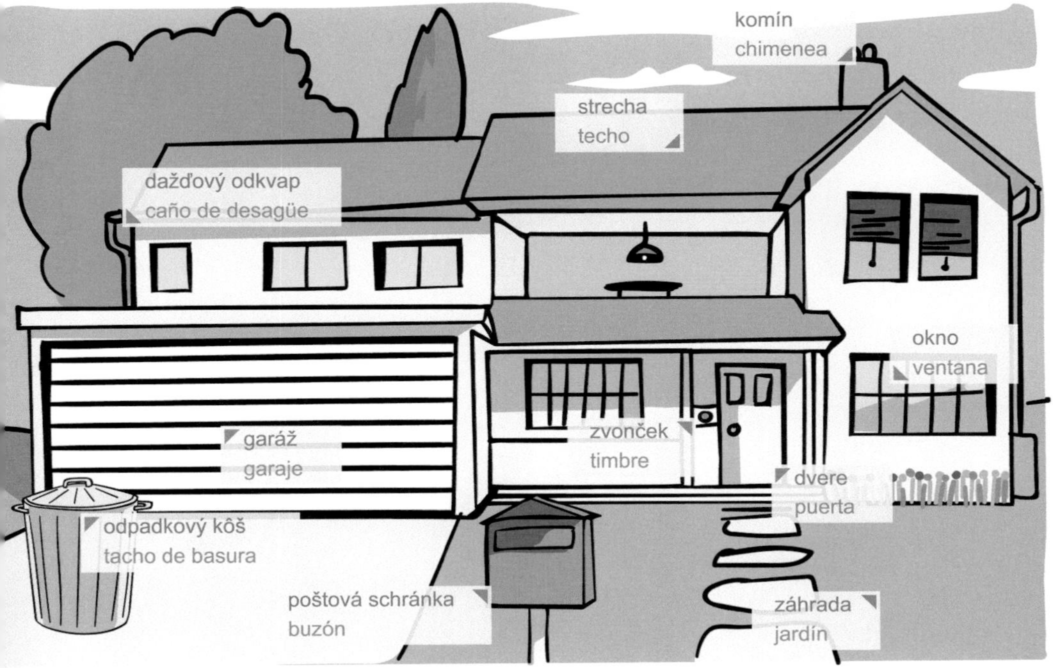
komín
chimenea
strecha
techo
dažďový odkvap
caño de desagüe
okno
ventana
garáž
garaje
zvonček
timbre
dvere
puerta
odpadkový kôš
tacho de basura
poštová schránka
buzón
záhrada
jardín

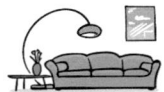

obývačka

living

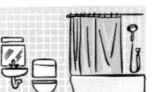

kúpeľňa

baño

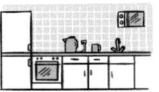

kuchyňa

cocina

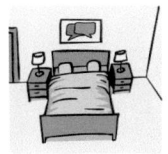

spálňa

dormitorio

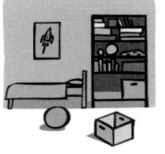

detská izba

cuarto de los chicos

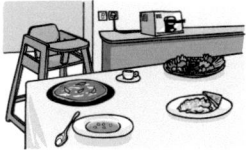

jedáleň

comedor

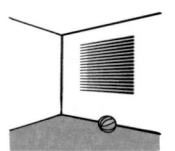

podlaha

piso

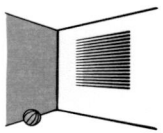

stena

pared

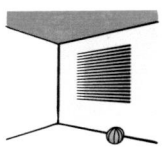

strop

cielorraso

pivnica

sótano

sauna

sauna

balkón

balcón

terasa

terraza

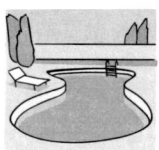

bazén

pileta

kosačka

cortadora de pasto

obliečka

sábana

posteľná prikrývka

acolchado

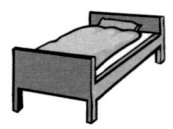

posteľ

cama

metla

escoba

vedro

balde

vypínač

interruptor

obývačka
living

tapeta
empapelado
obraz
imagen
lampa
lámpara
regál
estante
skriňa
armario
televízor
televisión
kozub
chimenea
kvet
flor
vankúš
almohadón
pohovka
sofá
váza
florero
diaľkové ovládanie
control remoto

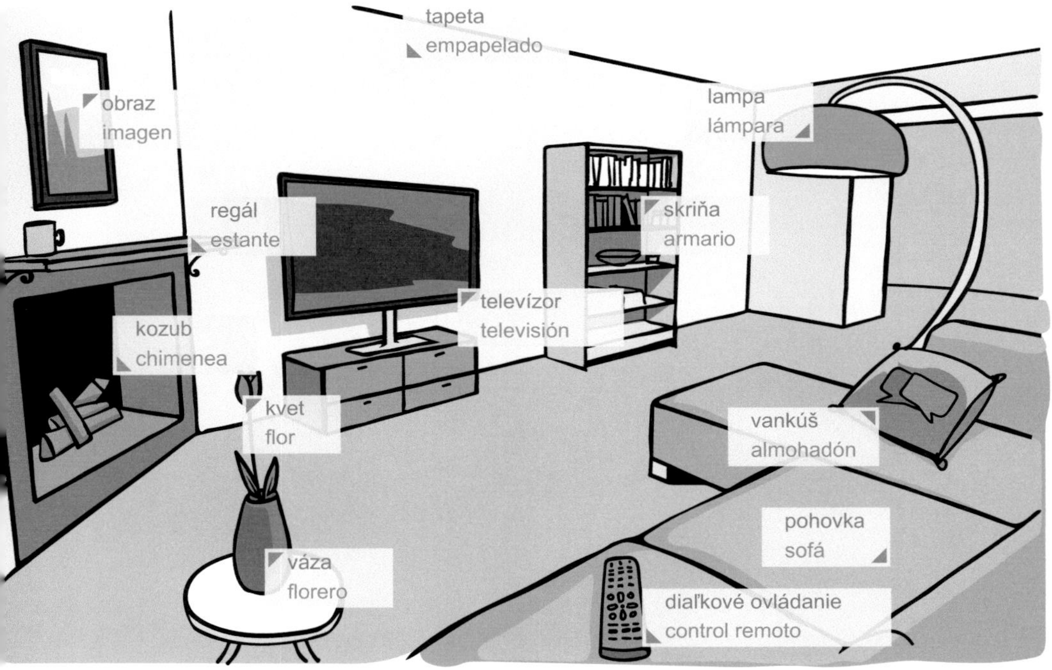

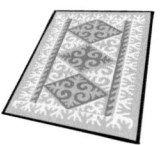

koberec

alfombra

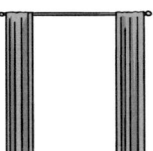

záclona

cortina

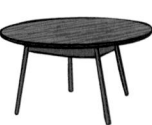

stôl

mesa

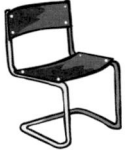

stolička

silla

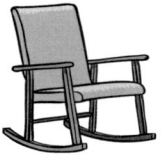

hojdacie kreslo

mecedora

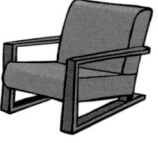

kreslo

sillón

kniha

libro

prikrývka

frazada

dekorácia

decoración

drevo na kúrenie

leña

film

película

hi-fi veža

equipo de música

kľúč

llave

noviny

diario

maľba

pintura

plagát

póster

rádio

radio

zápisník

cuaderno

vysávač

aspiradora

kaktus

cactus

sviečka

vela

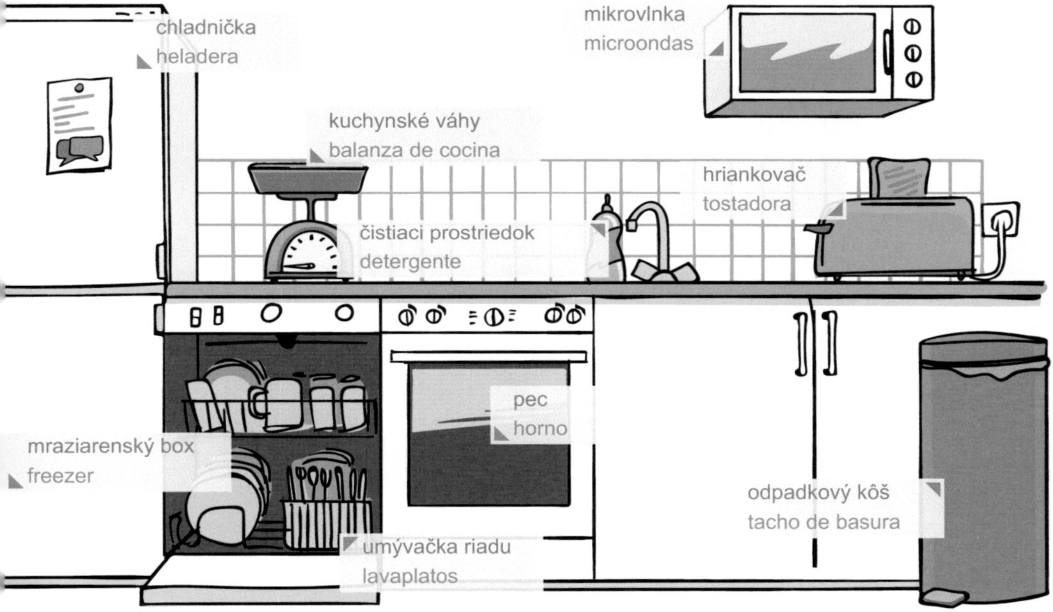

chladnička
heladera

mikrovlnka
microondas

kuchynské váhy
balanza de cocina

hriankovač
tostadora

čistiaci prostriedok
detergente

pec
horno

mraziarenský box
freezer

odpadkový kôš
tacho de basura

umývačka riadu
lavaplatos

sporák
cocina

hrniec
olla

železný hrniec
olla de hierro fundido

wok / kadai
wok

panvica
sartén

rýchlovarná kanvica
pava

parný hrniec

vaporera

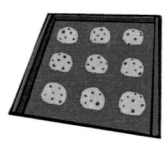

plech na pečenie

bandeja de horno

riad

vajilla

pohár

taza

misa

bol

paličky

palitos

naberačka na polievku

cucharón

stierka

estpátula

metlička

batidora

cedidlo

colador

sitko

colador

strúhadlo

rallador

mažiar

mortero

gril

parrilla

ohnisko

fogata

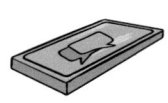

doska na krájanie

tabla de picar

valček na cesto

palo de amasar

vývrtka

sacacorchos

konzerva

lata

otvárač na konzervy

abrelatas

chňapka

manopla

výlevka

pileta

kefa

cepillo

hubka

esponja

mixér

batidora

mraznička

congelador

kojenecká fľaša

mamadera

vodovodný kohútik

canilla

kuchyňa - cocina

kúpeľňa
baño

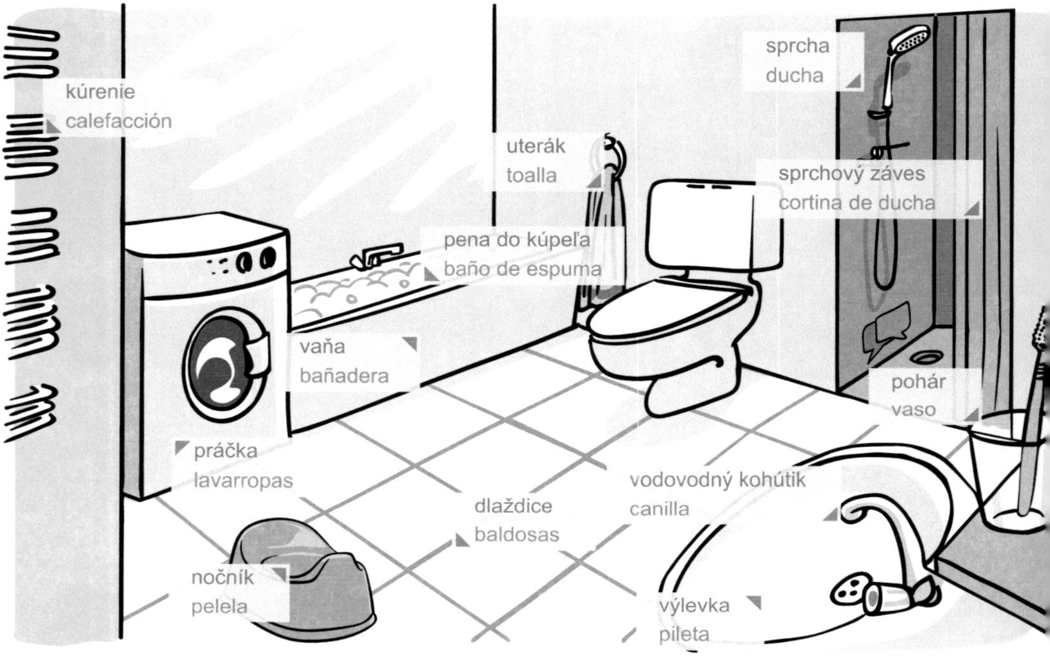
kúrenie
calefacción
uterák
toalla
sprcha
ducha
sprchový záves
cortina de ducha
pena do kúpeľa
baño de espuma
vaňa
bañadera
pohár
vaso
práčka
lavarropas
vodovodný kohútik
canilla
dlaždice
baldosas
nočník
pelela
výlevka
pileta

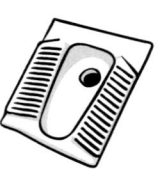

záchod

inodoro

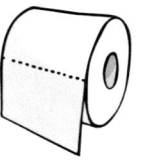

suchý záchod

letrina

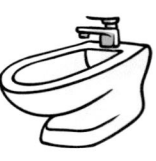

bidet

bidé

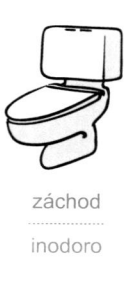

pisoár

mingitorio

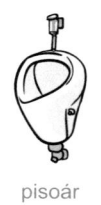

toaletný papier

papel higiénico

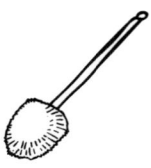

záchodová kefa

cepillo para el inodoro

zubná kefka

cepillo de dientes

zubná pasta

dentífrico

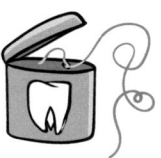

dentálna niť

hilo dental

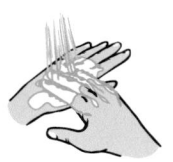

umývať

lavar

ručná sprcha

ducha de mano

sprcha pre intímnu hygienu

ducha higiénica

umývadlo

palangana

kefa na chrbát

cepillo para espalda

mydlo

jabón

sprchový gél

gel de ducha

šampón

shampoo

frotírová rukavica

toallita

odtok

desagüe

krém

crema

dezodorant

desodorante

kúpeľňa - baño

zrkadlo

espejo

kozmetické zrkadlo

espejito

žiletka

maquinita de afeitar

pena na holenie

espuma de afeitar

voda po holení

aftershave

hrebeň

peine

kefa

cepillo

sušič vlasov

secador de pelo

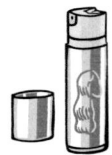

sprej na vlasy

spray

make-up

maquillaje

rúž

lápiz de labios

lak na nechty

esmalte para uñas

vata

algodón

nožnice na nechty

tijera para uñas

parfum

perfume

kozmetická taška

portacosméticos

stolček

banqueta

váha

balanza

kúpací plášť

bata

gumové rukavice

guantes de goma

tampón

tampón

menštruačná vložka

toallita femenina

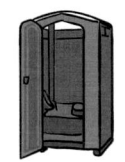

chemické WC

baño químico

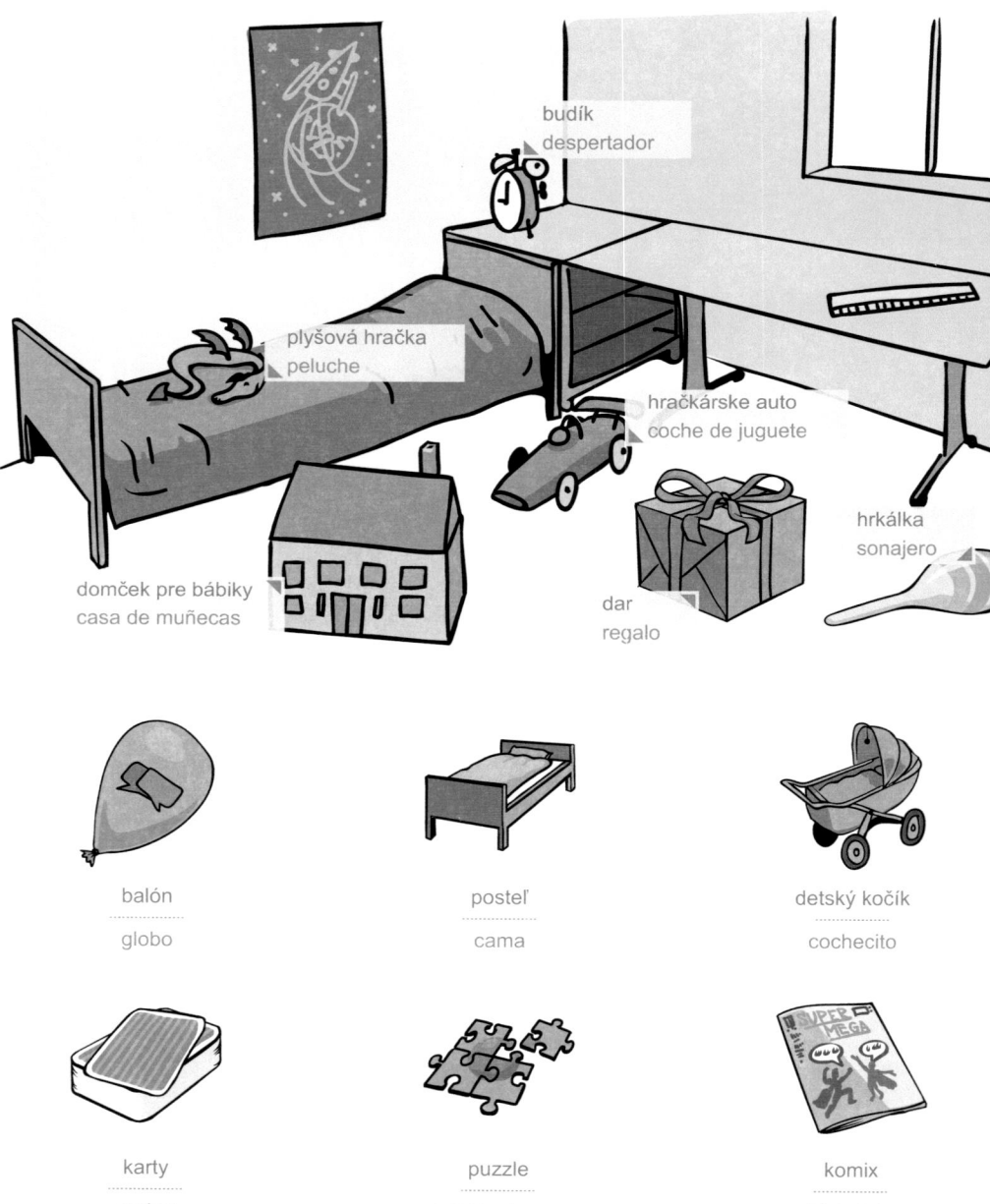

budík
despertador

plyšová hračka
peluche

hračkárske auto
coche de juguete

domček pre bábiky
casa de muñecas

dar
regalo

hrkálka
sonajero

balón
globo

posteľ
cama

detský kočík
cochecito

karty
cartas

puzzle
rompecabezas

komix
historieta

skladačka lego
piezas de lego

stavebnica
ladrillos de juguete

akčná postavička
figura de acción

dupačky
enterito (de bebé)

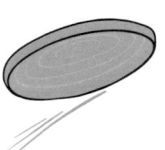

lietajúci tanier
frisbee

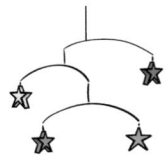

závesné hračky
móvil para bebés

stolová hra
juego de mesa

kocka
dados

modelový vláčik
tren eléctrico

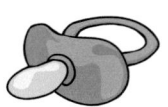

cumlík
chupete

párty
fiesta

obrázková kniha
libro de cuentos ilustrado

lopta
pelota

bábika
muñeca

hrať sa
jugar

pieskovisko

arenero

hojdačka

hamaca

hračky

juguetes

hracia konzola

consola de videojuegos

trojkolka

triciclo

medvedík

osito de peluche

šatník

armario

šatstvo

ropa

ponožky

medias

pančuchy

medias panty

pančuchové nohavičky

calzas

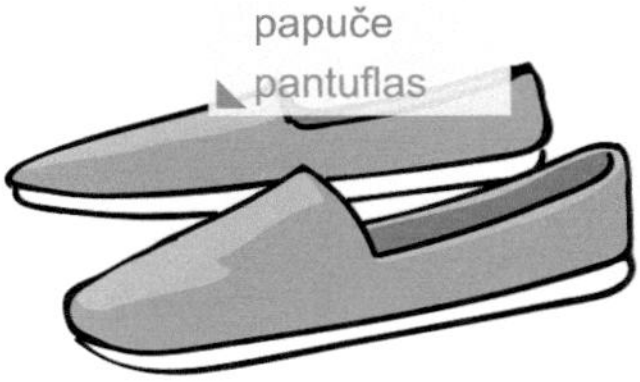

šál
bufanda

dáždnik
paraguas

opasok
cinturón

tričko
remera

čižmy
botas

papuče
pantuflas

tenisky
zapatillas

sandále
....
sandalias

topánky
....
zapatos

gumáky
....
botas de goma

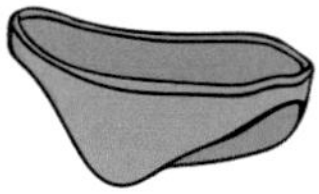

spodky
....
ropa interior

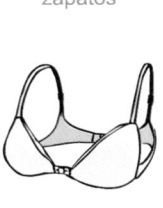

podprsenka
....
corpiño

tielko
....
chaleco

body
body

nohavice
pantalones

džínsy
jeans

sukňa
pollera

blúzka
blusa

košeľa
camisa

pulóver
pulóver

sveter
buzo

blejzer
blazer

bunda
campera

kabát
tapado

pršiplášť
piloto

kostým
traje

šaty
vestido

svadobné šaty
vestido de novia

oblek
traje

nočná košeľa
camisón

pyžamo
pijama

sari
sari

šatka na hlavu
pañuelo para cabeza

turban
turbante

burka
burka

kaftan
caftán

abaja
abaya

dvojdielne plavky
traje de baño

plavky
short de baño

šortky
shorts

teplakova súprava
jogging

zástera
delantal

rukavice
guantes

gombík

botón

okuliare

anteojos

náramok

pulsera

retiazka

collar

prsteň

anillo

náušnica

aro

čiapka

gorra

vešiak

percha

klobúk

sombrero

kravata

corbata

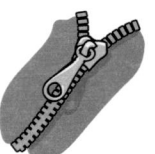

zips

cierre

prilba

casco

traky

tiradores

školská uniforma

uniforme escolar

uniforma

uniforme

podbradník
babero

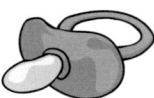

cumlík
chupete

plienka
pañal

kancelária
oficina

server
servidor

skriňa na spisy
archivero

tlačiareň
impresora

papier
papel

monitor
monitor

písací stôl
escritorio

myš
mouse

zakladač
carpeta

klávesnica
teclado

kôš na papier
tacho (de basura)

stolička
silla

počítač
computadora

hrnček na kávu
taza de café

kalkulačka
calculadora

internet
internet

laptop

laptop

list

carta

správa

mensaje

mobil

celular

sieť

red

kopírka

fotocopiadora

softvér

software

telefón

teléfono

elektrická zásuvka

tomacorriente

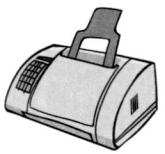

fax

fax

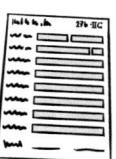

formulár

formulario

doklad

documento

kúpiť

comprar

platiť

pagar

obchodovať

hacer negocios

peniaze

dinero

 **USD**

dolár

dólar

 **EUR**

euro

euro

 **JPY**

jen

yen

 **RUB**

rubeľ

rublo

 **CHF**

švajčiarsky frank

franco suizo

 **CNY**

čínsky jüan

yuan

 **INR**

rupia

rupia

bankomat

cajero automático

zmenáreň

casa de cambio

zlato

oro

striebro

plata

ropa

petróleo

energia

energía

cena

precio

zmluva

contrato

daň

impuesto

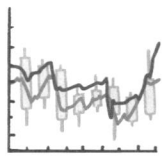

akcia

acción

pracovať

trabajar

zamestnanec

empleado

zamestnávateľ

empleador

továreň

fábrica

obchod

negocio

povolania
ocupaciones

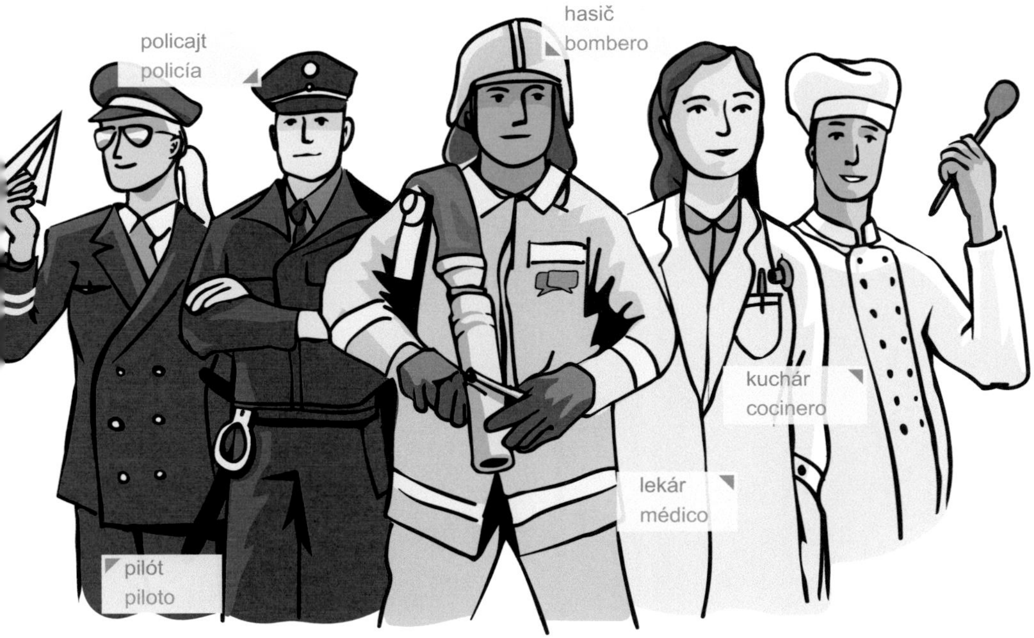

hasič
bombero
policajt
policía
kuchár
cocinero
lekár
médico
pilót
piloto

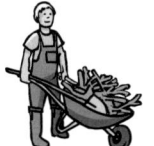

záhradník

jardinero

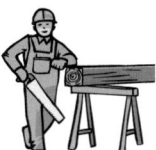

stolár

carpintero

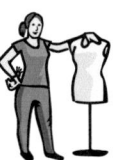

krajčírka

modista

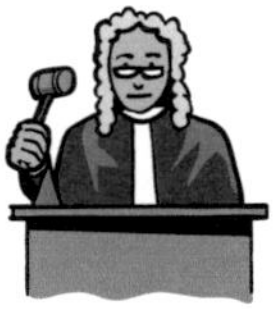

sudca

juez

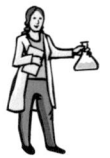

chemik

farmacéutico

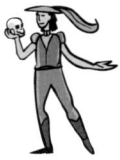

herec

actor

vodič autobusu

colectivero

taxikár

taxista

rybár

pescador

upratovačka

mucama

pokrývač

techista

čašník

mozo

poľovník

cazador

maliar

pintor

pekár

panadero

elektrikár

electricista

stavebný robotník

albañil

inžinier

ingeniero

mäsiar

carnicero

klampiar

plomero

poštár

cartero

vojak

soldado

architekt

arquitecto

pokladník

cajero

kvetinár

florista

kaderník

peluquero

sprievodca

cobrador

mechanik

mecánico

kapitán

capitán

zubár

dentista

vedec

científico

rabín

rabino

imám

imán

mních

monje

farár

sacerdote

náradie
herramientas

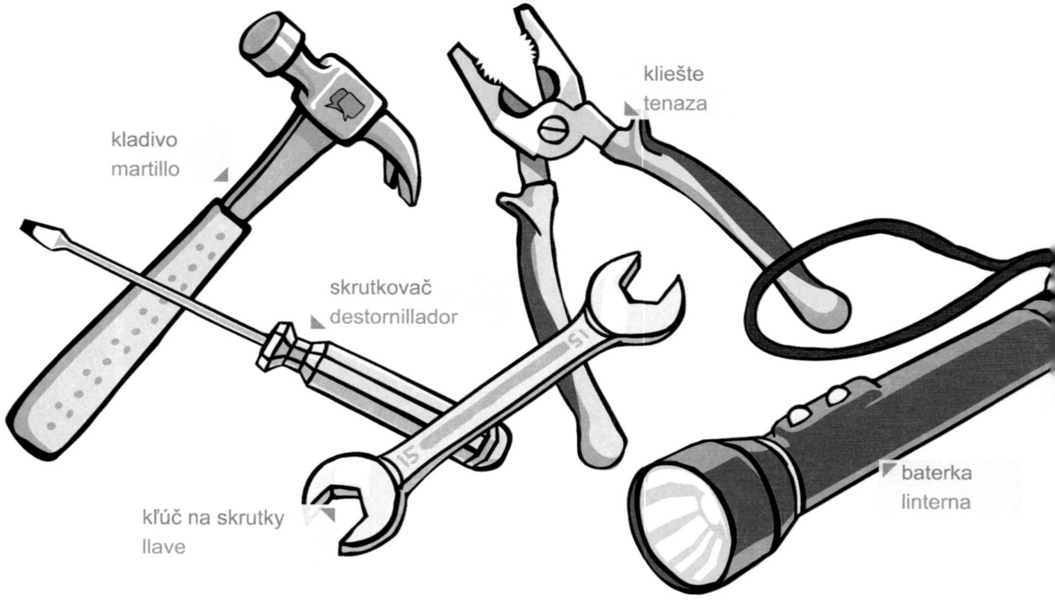
kliešte
tenaza
kladivo
martillo
skrutkovač
destornillador
baterka
linterna
kľúč na skrutky
llave

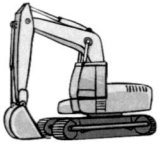

bager

excavadora

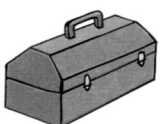

súprava náradia

caja de herramientas

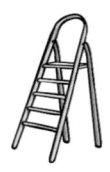

rebrík

escalera portátil

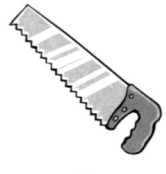

pílka

sierra

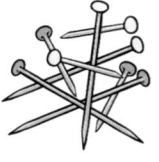

klince

clavos

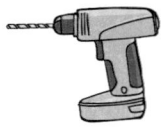

vrták

taladro

opraviť
arreglar

lopata
pala de jardín

Do čerta!
¡Qué bronca!

lopatka na smeti
pala de plástico

nádoba s farbou
tacho de pintura

skrutky
tornillos

hudobné nástroje
instrumentos musicales

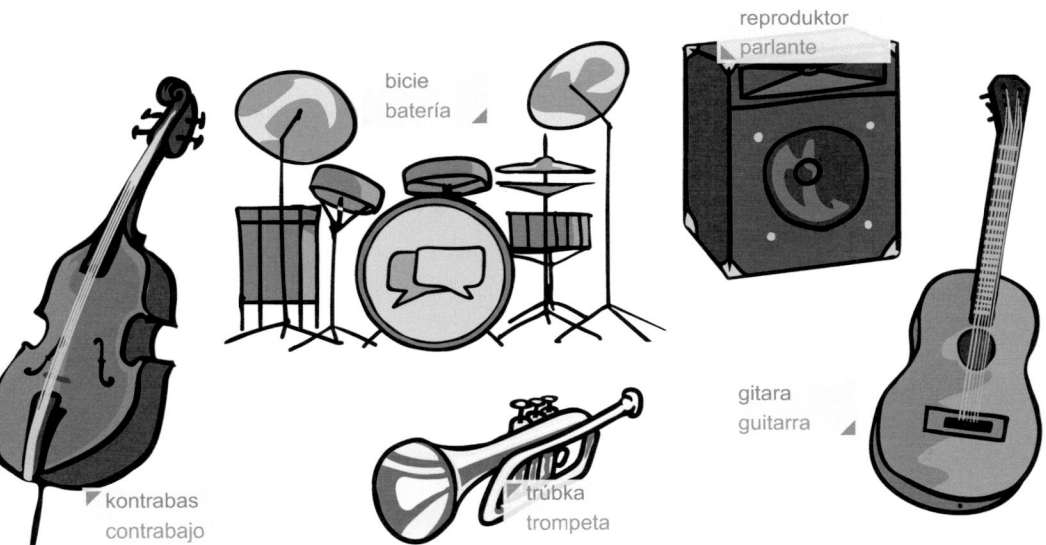

reproduktor
parlante

bicie
batería

kontrabas
contrabajo

trúbka
trompeta

gitara
guitarra

klavír

piano

husle

violín

basa

bajo

tympany

timbales

bubon

tambor

klávesnica

teclado

saxofón

saxofón

flauta

flauta

mikrofón

micrófono

ZOO

zoológico

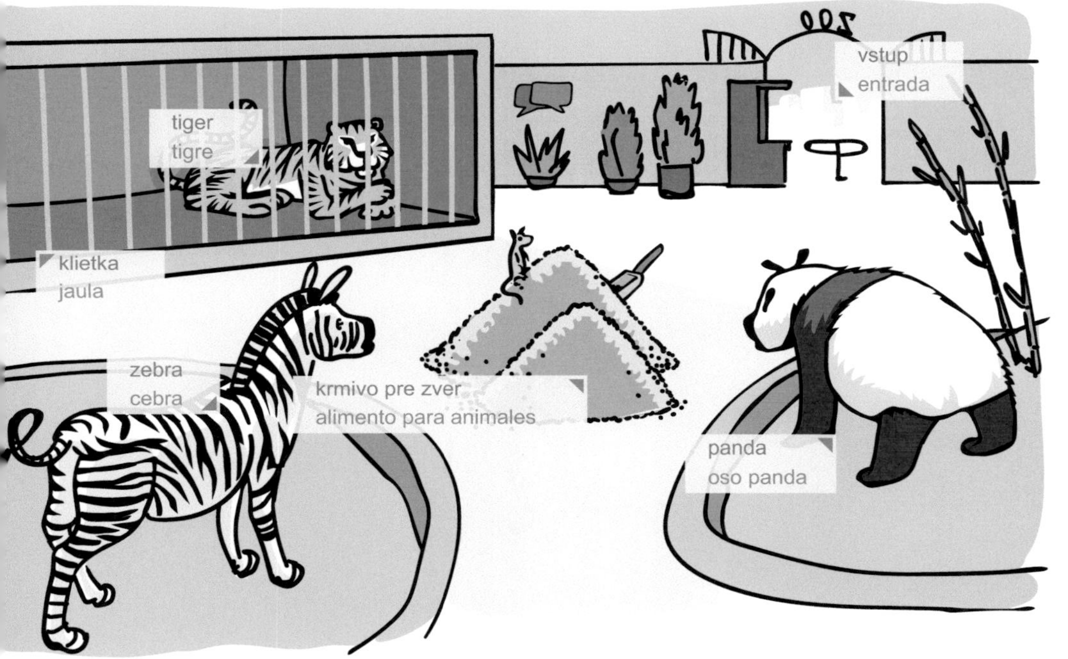

tiger
tigre
vstup
entrada
klietka
jaula
zebra
cebra
krmivo pre zver
alimento para animales
panda
oso panda

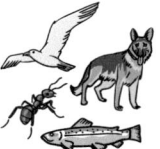

zvieratá

animales

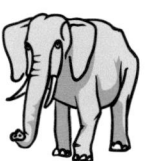

slon

elefante

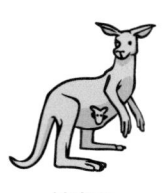

klokan

canguro

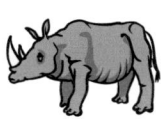

nosorožec

rinoceronte

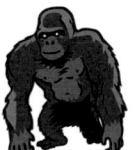

gorila

gorila

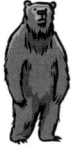

medveď

oso

ťava

camello

pštros

avestruz

lev

león

opica

mono

plameniak

flamenco

papagáj

loro

ľadový medveď

oso polar

tučniak

pingüino

žralok

tiburón

páv

pavo real

had

serpiente

krokodíl

cocodrilo

ošetrovateľ v ZOO

cuidador del zoológico

tuleň

foca

jaguár

jaguar

poník
poni

leopard
leopardo

hroch
hipopótamo

žirafa
jirafa

orol
águila

diviak
jabalí

ryba
pescado

korytnačka
tortuga

mrož
morsa

líška
zorro

gazela
gacela

americký futbal
fútbol americano

cyklistika
ciclismo

tenis
tenis

basketbal
básquet

plávanie
natación

box
boxeo

hokej
hockey sobre hielo

futbal
fútbol

bedminton
bádminton

ľahká atletika
atletismo

hádzaná
handball

lyžovanie
esquí

pólo
polo

skočiť
saltar

objať
abrazar

smiať sa
reír

chodiť
caminar

spievať
cantar

snívať
soňar

modliť sa
rezar

pobozkať
besar

písať
escribir

kresliť
dibujar

ukázať
mostrar

tlačiť
presionar

dať
dar

brať
tomar

mať
tener

robiť
hacer

byť
ser

stáť
estar parado

bežať
correr

ťahať
tirar

hádzať
tirar

padnúť
caer

ležať
estar acostado

čakať
esperar

nosiť
llevar

sedieť
estar sentado

obliecť sa
vestirse

spať
dormir

zobudiť sa
despertar

aktivity - actividades

pozerať

mirar

plakať

llorar

hladkať

acariciar

česať

peinar

hovoriť

hablar

rozumieť

entender

pýtať sa

preguntar

počuť

escuchar

piť

beber

jesť

comer

upratať

ordenar

milovať

amar

variť

cocinar

jazdiť

manejar

letieť

volar

plachtiť

navegar

počítať

calcular

čítať

leer

učiť sa

aprender

pracovať

trabajar

oženiť

casarse

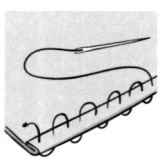

šiť

coser

čistiť zuby

cepillarse los dientes

zabiť

matar

fajčiť

fumar

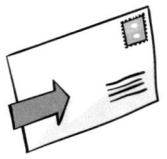

poslať

enviar

rodina
familia

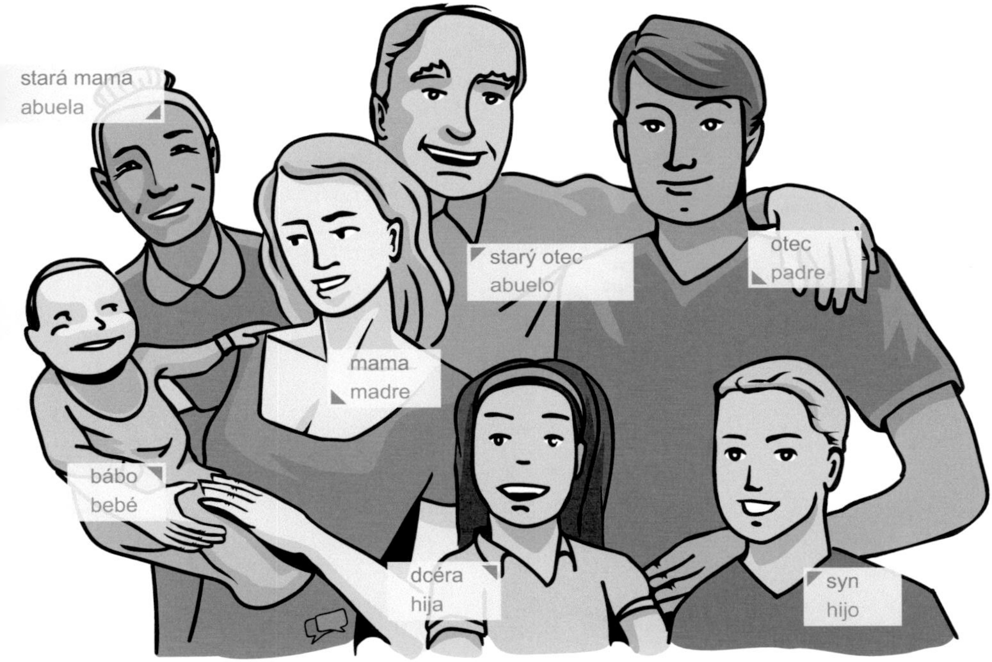

stará mama
abuela
starý otec
abuelo
otec
padre
mama
madre
bábo
bebé
dcéra
hija
syn
hijo

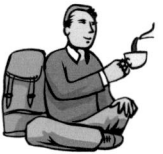

hosť
invitado

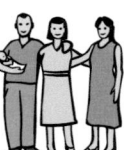

teta
tía

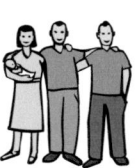

strýko
tío

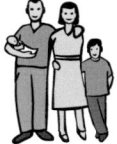

brat
hermano

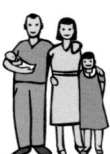

sestra
hermana

telo
cuerpo

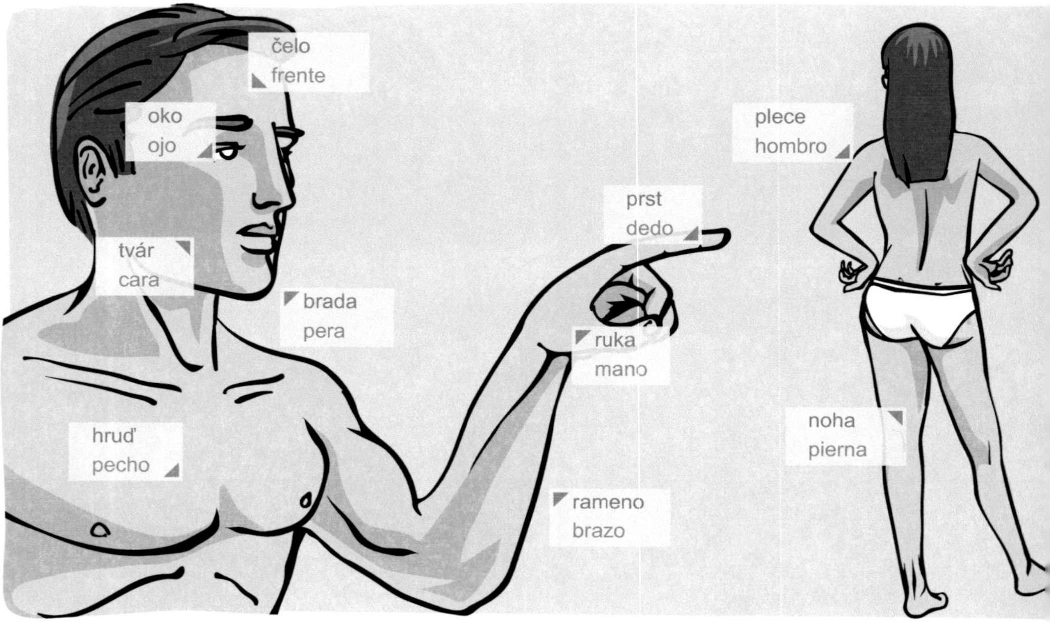

čelo
frente

oko
ojo

plece
hombro

prst
dedo

tvár
cara

brada
pera

ruka
mano

hruď
pecho

noha
pierna

rameno
brazo

bábo
bebé

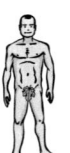

muž
hombre

žena
mujer

dievča
nena

chlapec
nene

hlava
cabeza

68   telo - cuerpo

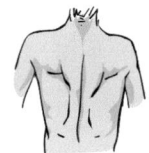

chrbát

espalda

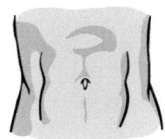

brucho

panza

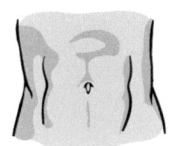

pupok

ombligo

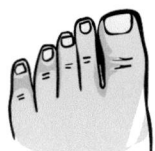

prst na nohe

dedo del pie

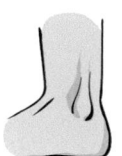

päta

talón

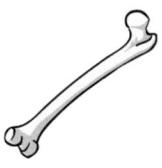

kosť

hueso

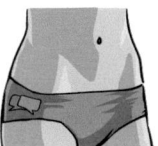

bok

cadera

koleno

rodilla

lakeť

codo

nos

nariz

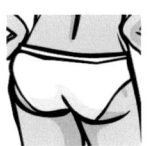

zadok

cola

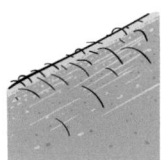

koža

piel

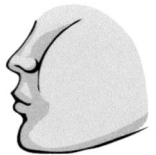

líce

cachete

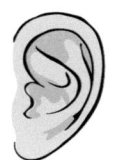

ucho

oreja

pery

labio

telo - cuerpo

ústa

boca

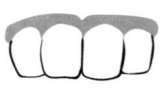

zub

diente

jazyk

lengua

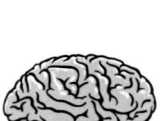

mozog

cerebro

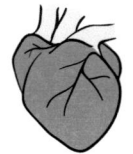

srdce

corazón

svaly

músculo

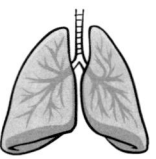

pľúca

pulmón

pečeň

hígado

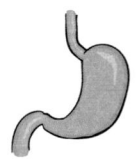

žalúdok

estómago

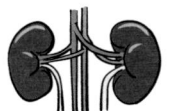

obličky

riñones

pohlavný styk

sexo

kondóm

preservativo

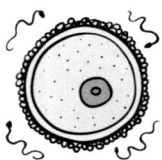

vaječná bunka

óvulo

semeno

semen

tehotenstvo

embarazo

telo - cuerpo

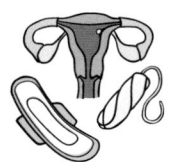

menštruácia

menštruación

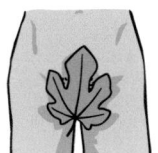

vagína

vagina

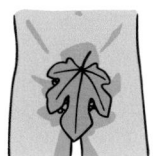

penis

pene

obočie

ceja

vlasy

pelo

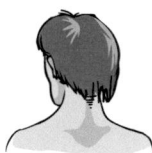

krk

cuello

nemocnica
hospital

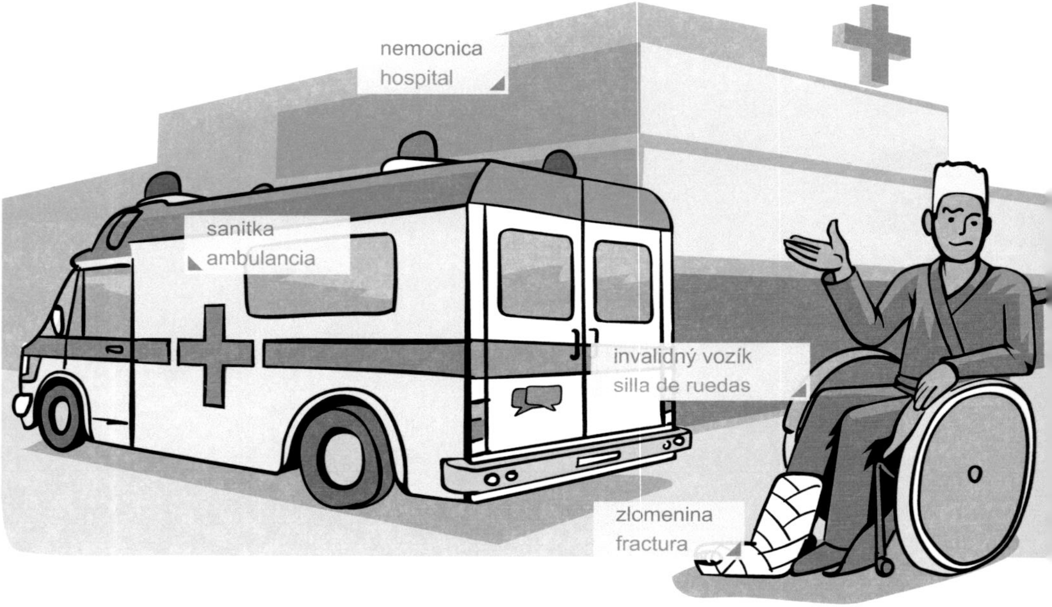

nemocnica
hospital
sanitka
ambulancia
invalidný vozík
silla de ruedas
zlomenina
fractura

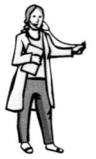

lekár

médico

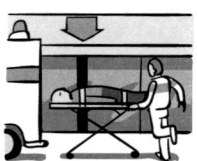

urgentný príjem

sala de guardia

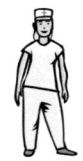

sestrička

enfermera

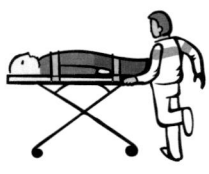

urgentný prípad

emergencia

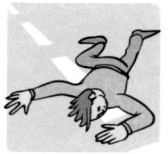

v bezvedomí

inconsciente

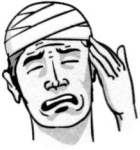

bolesť

dolor

zranenie

lesión

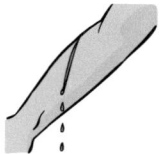

krvácanie

hemorragia

srdcový infarkt

infarto

mozgová porážka

ACV

alergia

alergia

kašeľ

tos

teplota

fiebre

chrípka

gripe

hnačka

diarrea

bolesť hlavy

dolor de cabeza

rakovina

cáncer

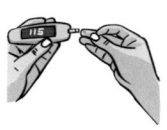

cukrovka

diabetes

chirurg

cirujano

skalpel

bisturí

operácia

operación

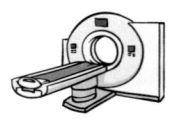

CT
TC

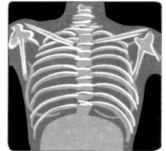

RTG
rayos x

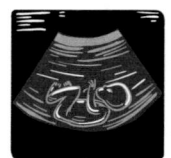

ultrazvuk
ecografía

maska
barbijo

choroba
enfermedad

čakáreň
sala de espera

barla
muleta

náplasť
curita

obväz
venda

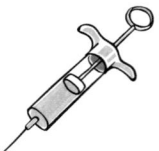

injekcia
inyección

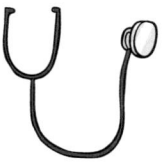

fonendoskop
estetoscopio

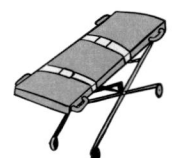

nosidlá
camilla

teplomer
termómetro

pôrod
nacimiento

nadváha
sobrepeso

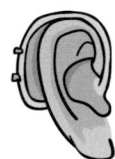

audiofón
desinfectante

dezinfekčný prostriedok
desinfectante

infekcia
infección

vírus
virus

HIV / AIDS
VIH / SIDA

medicína
remedio

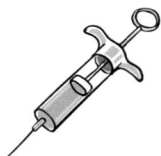

očkovanie
vacunación

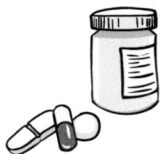

tabletky
comprimidos

antikoncepčná pilulka
pastilla anticonceptiva

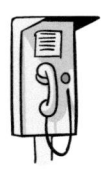

tiesňové volanie
llamada de emergencia

tlakomer
tensiómetro

chorý / zdravý
enfermo / sano

Pomoc!

¡Ayuda!

alarm

alarma

prepad

agresión

útok

ataque

nebezpečenstvo

peligro

núdzový východ

salida de emergencia

Horí!

¡Fuego!

hasičský prístroj

matafuego

nehoda

accidente

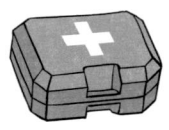

kufrík prvej pomoci

botiquín de primeros
auxilios

SOS

SOS

polícia

policía

Európa

Europa

Severná Amerika

América del Norte

Južná Amerika

América del Sur

Afrika

África

Ázia

Asia

Austrália

Australia

Atlantický oceán

Atlántico

Tichý oceán

Pacífico

Indický oceán

Océano Índico

Južný oceán

Océano Antártico

Severný ľadový oceán

Océano Ártico

Severný pól

polo norte

Južný pól
polo sur

Antarktída
Antártida

Zem
Tierra

krajina
tierra

more
mar

ostrov
isla

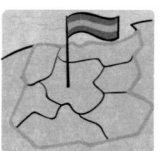

národ
nación

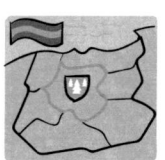

štát
estado

ciferník

esfera

hodinová ručička

manecilla de las horas

minútová ručička

minutero

sekundová ručička

segundero

Koľko je hodín?

¿Qué hora es?

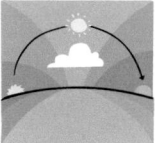

deň

día

čas

hora

teraz

ahora

digitálne hodiny

reloj digital

minúta

minuto

hodina

hora

týždeň
semana

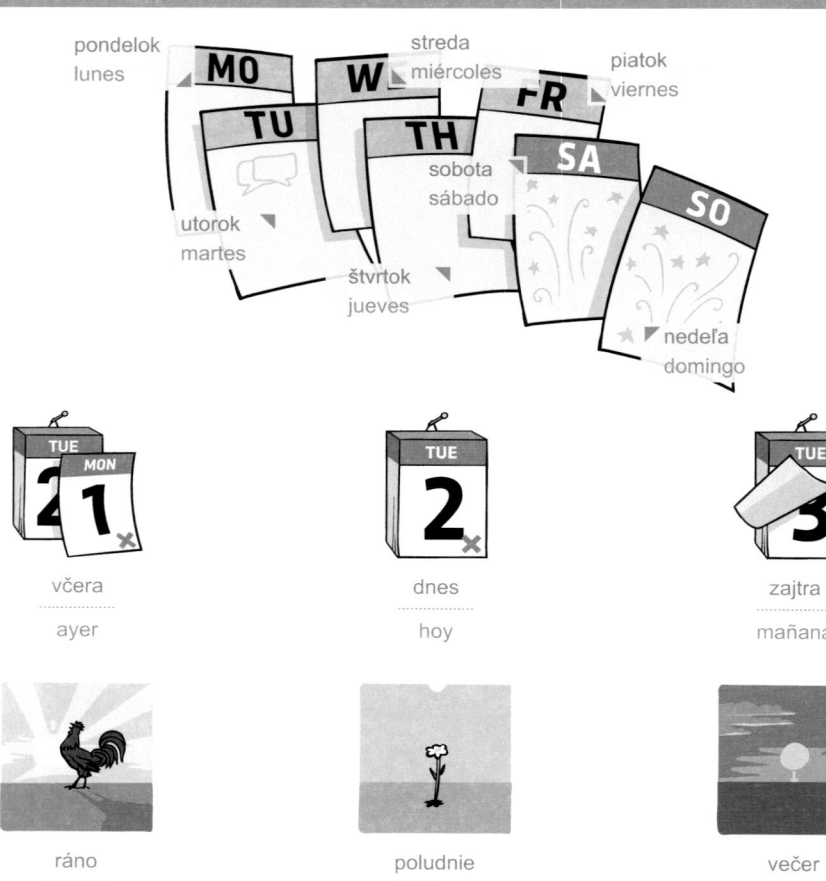

pondelok
lunes

streda
miércoles

piatok
viernes

MO

TU

W

TH

FR

SA

SO

utorok
martes

sobota
sábado

štvrtok
jueves

nedeľa
domingo

včera
ayer

dnes
hoy

zajtra
mañana

ráno
mañana

poludnie
mediodía

večer
tarde

pracovné dni
días hábiles

víkend
fin de semana

dážď
lluvia

dúha
arco iris

sneh
nieve

vietor
viento

jar
primavera

jeseň
otoño

leto
verano

zima
invierno

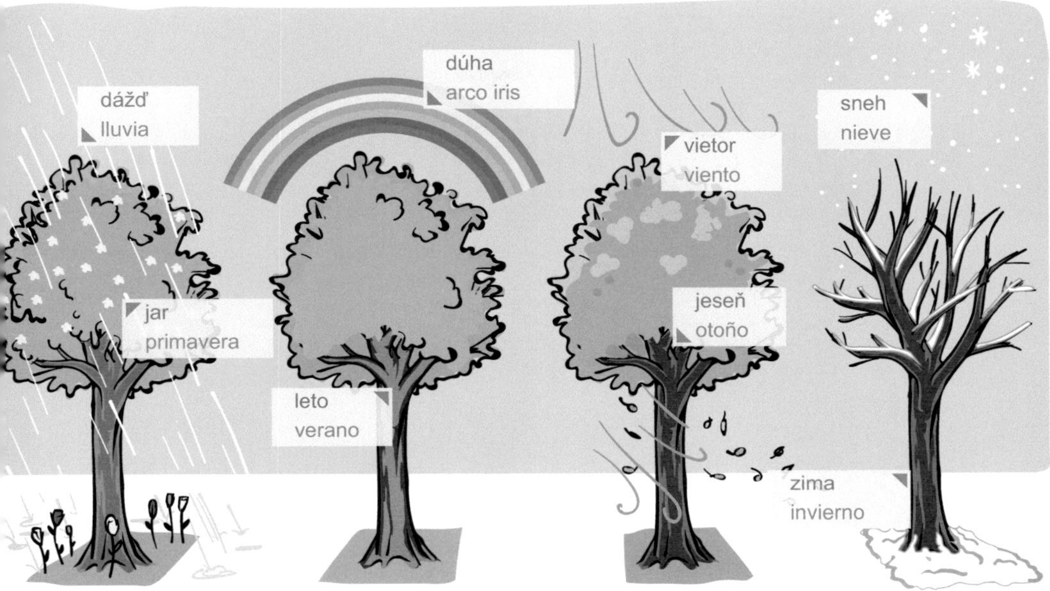

predpoveď počasia

pronóstico meteorológico

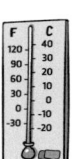

teplomer

termómetro

slnečný svit

luz del sol

oblak

nube

hmla

niebla

vlhkosť vzduchu

humedad

blesk

rayo

hrom

trueno

búrka

tormenta

krúpy

granizo

monzún

monzón

záplava

inundación

ľad

hielo

január

enero

február

febrero

marec

marzo

apríl

abril

máj

mayo

jún

junio

júl

julio

august

agosto

september
septiembre

október
octubre

november
noviembre

december
diciembre

tvary
formas

kruh
círculo

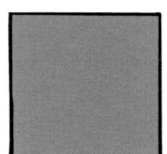

štvorec
cuadrado

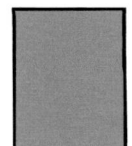

obdĺžnik
rectángulo

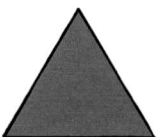

trojuholník
triángulo

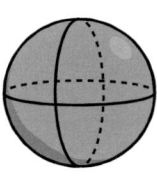

guľa
esfera

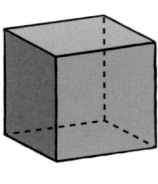

kocka
cubo

biela

blanco

žltá

amarillo

oranžová

naranja

ružová

rosa

červená

rojo

fialová

violeta

modrá

azul

zelená

verde

hnedá

marrón

šedá

gris

čierna

negro

veľa / málo

mucho / poco

zúrivý / pokojný

enojado / tranquilo

pekný / škaredý

lindo / feo

začiatok / koniec

principio / fin

veľký / malý

grande / chico

svetlý / tmavý

claro / oscuro

brat / sestra

hermano / hermana

čistý / špinavý

limpio / sucio

úplný / neúplný

completo / incompleto

deň / noc

día / noche

mŕtvy / živý

muerto / vivo

široký / úzky

ancho / angosto

chutný / nechutný

comestible / no comestible

zlostný / láskavý

malo / amable

vzrušený / unudený

entusiasmado / aburrido

tlstý / chudý

gordo / flaco

prvý / posledný

primero / último

priateľ / nepriateľ

amigo / enemigo

plný / prázdny

lleno / vacío

tvrdý / mäkký

duro / blando

ťažký / ľahký

pesado / liviano

hlad / smäd

hambre / sed

chorý / zdravý

enfermo / sano

nelegálny / legálny

ilegal / legal

inteligentný / hlúpy

inteligente / estúpido

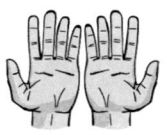

vľavo / vpravo

izquierda / derecha

blízko / ďaleko

cerca / lejos

nový / použitý

nuevo / usado

nič / niečo

nada / algo

starý / mladý

viejo / joven

zapnuté / vypnuté

encendido / apagado

otvorené / zatvorené

abierto / cerrado

tichý / hlasný

silencioso / ruidoso

bohatý / chudobný

rico / pobre

správne / nesprávne

correcto / incorrecto

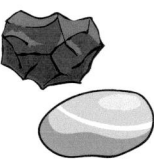

drsný / hladký

áspero / suave

smutný / šťastný

triste / contento

krátky / dlhý

corto / largo

pomaly / rýchlo

lento / rápido

mokrý / suchý

mojado / seco

teplý / studený

caliente / frío

vojna / mier

guerra / paz

0

nula

cero

1

jeden

uno

2

dva

dos

3

tri

tres

4

štyri

cuatro

5

päť

cinco

6

šesť

seis

7

sedem

siete

8

osem

ocho

9

deväť

nueve

10

desať

diez

11

jedenásť

once

12

dvanásť

doce

13

trinásť

trece

14

štrnásť

catorce

15

pätnásť

quince

16

šestnásť

dieciséis

17

sedemnásť

diecisiete

18

osemnásť

dieciocho

19

devätnásť

diecinueve

20

dvadsať

veinte

100

sto

cien

1.000

tisíc

mil

1.000.000

milión

millón

angličtina

inglés

americká angličtina

inglés americano

mandarínska čínština

chino mandarín

hindčina

hindi

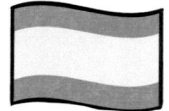

španielčina

español

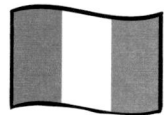

francúzština

francés

arabčina

árabe

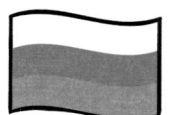

ruština

ruso

portugalčina

portugués

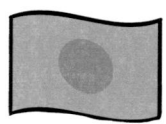

bengálčina

bengalí

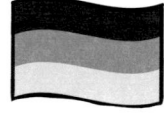

nemčina

alemán

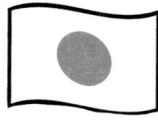

japončina

japonés

ja

yo

ty

vos

on/ona/ono

él / ella

my

nosotros

vy

ustedes

oni

ellos

kto?

¿quién?

čo?

¿qué?

ako?

¿cómo?

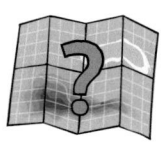

kde?

¿dónde?

kedy?

¿cuándo?

meno

nombre

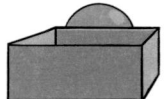

za

detrás

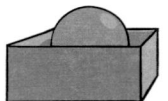

v

en

pred

adelante de

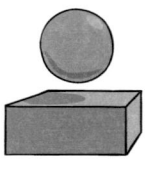

nad

por encima de

na

sobre

pod

debajo de

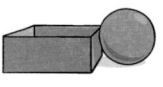

vedľa

al lado de

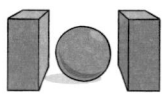

medzi

entre

miesto

lugar